BEI GRIN MACHT SICH IHR WISSEN BEZAHLT

- Wir veröffentlichen Ihre Hausarbeit, Bachelor- und Masterarbeit

- Ihr eigenes eBook und Buch - weltweit in allen wichtigen Shops

- Verdienen Sie an jedem Verkauf

Jetzt bei www.GRIN.com hochladen und kostenlos publizieren

Bibliografische Information der Deutschen Nationalbibliothek:

Die Deutsche Bibliothek verzeichnet diese Publikation in der Deutschen Nationalbibliografie; detaillierte bibliografische Daten sind im Internet über http://dnb.d-nb.de/ abrufbar.

Dieses Werk sowie alle darin enthaltenen einzelnen Beiträge und Abbildungen sind urheberrechtlich geschützt. Jede Verwertung, die nicht ausdrücklich vom Urheberrechtsschutz zugelassen ist, bedarf der vorherigen Zustimmung des Verlages. Das gilt insbesondere für Vervielfältigungen, Bearbeitungen, Übersetzungen, Mikroverfilmungen, Auswertungen durch Datenbanken und für die Einspeicherung und Verarbeitung in elektronische Systeme. Alle Rechte, auch die des auszugsweisen Nachdrucks, der fotomechanischen Wiedergabe (einschließlich Mikrokopie) sowie der Auswertung durch Datenbanken oder ähnliche Einrichtungen, vorbehalten.

Impressum:

Copyright © 2017 GRIN Verlag
Druck und Bindung: Books on Demand GmbH, Norderstedt Germany
ISBN: 9783668882744

Dieses Buch bei GRIN:

https://www.grin.com/document/459394

Dominik Conrad

Planung eines sechsmonatigen Krafttrainings

Für eine fiktive Person

GRIN Verlag

GRIN - Your knowledge has value

Der GRIN Verlag publiziert seit 1998 wissenschaftliche Arbeiten von Studenten, Hochschullehrern und anderen Akademikern als eBook und gedrucktes Buch. Die Verlagswebsite www.grin.com ist die ideale Plattform zur Veröffentlichung von Hausarbeiten, Abschlussarbeiten, wissenschaftlichen Aufsätzen, Dissertationen und Fachbüchern.

Besuchen Sie uns im Internet:

http://www.grin.com/

http://www.facebook.com/grincom

http://www.twitter.com/grin_com

Deutsche Hochschule für
Prävention und Gesundheitsmanagement
Hermann Neuberger Sportschule 3
66123 Saarbrücken

Einsendeaufgabe

Fachmodul: Trainingslehre I

Studiengang: Fitnessökonomie

Datum
Präsenzphase: 24.04.2017 – 27.04.2017

Name, Vorname: Conrad, Dominik

Studienort: München

Semester: WS 16

Inhaltsverzeichnis

1 DIAGNOSE 3

   1.1 Allgemeine und biometrische Daten 3

   1.2 Krafttestung 4

2 ZIELSETZUNG UND PROGNOSE 6

3 PLANUNG DES MAKROZYKLUS 7

4 TRAININGSPLANUNG MESOZYKLUS III 9

5 LITERATURRECHERCHE ZUM THEMA: EFFEKTE DES KRAFTTRAININGS BEI OSTEOPOROSE 11

6 LITERATURVERZEICHNIS 13

7 TABELLENVERZEICHNIS 14

1 Diagnose

1.1 Allgemeine und biometrische Daten

Tab. 1: Allgemeine Daten zur Person

Alter	18 Jahre
Geschlecht	Männlich
Körpergröße	1,82m
Körpergewicht	76kg
Trainingsmotive/Wünsche	Möchte fitter/gesünder (im Alltag) werden und Muskeln aufbauen
Berufliche Tätigkeit	Schüler (Gymnasium)
Aktuelle und frühere sportliche Aktivitäten	Keine regelmäßigen sportlichen Aktivitäten (1x pro Woche Schulsport ist nicht erwähnenswert)
Zeitlicher Verfügungsrahmen	Maximal 90 Minuten bei 2-3 Trainingseinheiten pro Woche

Tab. 2: Daten zur Ermittlung des Gesundheitszustandes

Parameter	Erhobene Daten	Normwerte
Blutdruck	128/84 mmHg	Optimal: >120/80 mmHg Normal: 120-129/80-84 mmHg Hochnormal: 130-139/85-89 mmHg
Ruhepuls	79 Schläge/Minute	60-80 Schläge/Minute
BMI-Wert	BMI von 22,9	Normbereich für Männer im Alter von 18 Jahren: BMI von 20-25
Orthopädische/internistische Probleme/Krankheiten	keine	-
Medikamenteneinnahme	keine	-

Da die Person untrainiert ist, kann man anhand des errechneten BMI-Wertes von einem absoluten Normalgewicht ausgehen. Der Blutdruck, sowie der Puls, liegen gerade noch im Normalbereich, aber stellen keine Risikofaktoren dar. Dass diese beiden Parameter nicht im optimalen Bereich liegen, lässt sich auf das untrainierte Herz-Kreislauf-System zurückführen. Des Weiteren weißt die Person keine orthopädischen, wie internistischen Probleme auf und unterliegt keiner regelmäßigen Medikamenteneinnahme. Somit sind keinerlei Risikofaktoren festzustellen, die Person lässt sich folglich uneingeschränkt trainieren.

1.2 Krafttestung

Mit der Person wurde ein Mehrwiederholungskrafttest („Individuelle-Leistungsbild-Test") am Beispiel der Übungen des Mesozyklus III durchgeführt. Dieser Test wurde gewählt, da der Trainierende ein Beginner ist und somit im niedrigen Wiederholungsbereich (wie beim 1-RM-Test) keinerlei Erfahrungen hat. Deshalb ermöglicht diese Methode in dem Wiederholungsbereich zu testen, welcher tatsächlich auch angestrebt wird. Der Test wird folglich dem Leistungsstand des Trainierenden angepasst und verkleinert zusätzlich das Verletzungsrisiko.

Der Test läuft folgendermaßen ab: Zu aller erst wärmt sich die Person allgemein (zum Beispiel am Crosswalker) auf, um die Körperkerntemperatur zu erhöhen und den Fokus auf das Training zu lenken. Danach beginnt das spezielle Aufwärmen. Da das spätere Arbeitsgewicht noch nicht bekannt ist, kann in diesem Fall auch kein bestimmtes Gewicht zum Aufwärmen ausgemacht werden. Deswegen wird mit sehr kleinem Gewicht angefangen und dieses nach subjektivem Empfinden in 3 Aufwärmsätzen leicht gesteigert. Als Richtwerte dienen Prozentangaben (beispielsweise: Bankdrücken bei Männern mit 30% des Körpergewichtes) zu verschiedenen Übungen. Nun folgen die Arbeitssätze mit dem Gewicht, welches maximal bei einer bestimmten Wiederholungszahl zu bewältigen sein soll. In diesem Beispiel trainiert die Person alle Sätze mit 12 Wiederholungen. Wird das aufgelegte Gewicht 12 Mal bewältigt, wird nach subjektivem Empfinden das Gewicht um 5-25% erhöht. Zwischen den Sätzen lässt man den Trainierenden 3 Minuten pausieren. Das Testgewicht wurde erreicht, wenn die letzte Wiederholung einer vorher festgelegten Anzahl gerade noch konzentrisch ausgeführt werden kann. (Testablauf nach Zimmer, 1999, S.45-47)

Tab. 3: Testergebnisse des X-RM Test

Testübung	Wiederholungen	1.Testsatz	2.Testsatz	3.Testzsatz	Ergebnis
Hackenschmidt-Kniebeuge	12	50kg	52,5kg	55kg	55kg
Beinbeuger Gerät	12	25kg	30kg	32,5kg	30kg
Brustpresse	12	35kg	40kg	45kg	45kg
Butterfly-Gerät	12	35kg	37,5kg	35kg	35kg
Latzug weiter Obergriff	12	35kg	37.5kg	35kg	35kg
Rudern eng Gerät	12	35kg	37,5kg	40kg	40kg
Crunches Gerät	12	20kg	22,5kg	25kg	22,5kg
Hyperextensions am Gerät	12	30kg	35kg	37,5kg	37,5kg

Es ist empfehlenswert, mindestens vor jedem Mesozyklus solch einen Test zu absolvieren. Man kann damit einen Richtwert für das Trainingsgewicht, ausgerechnet mit der angestrebten Intensität, angeben. Außerdem hat man die Möglichkeit innerhalb eines Makro- und auch Mesozyklus die Kraftdaten der Trainingsergebnisse zu dokumentieren, zu vergleichen und somit die Kraftsteigerung festzuhalten. Gerade für Anfänger ist dies sehr sinnvoll, da durch diese Dokumentation die Kraftzuwächse verdeutlicht werden. Dies kann einen zusätzlichen Motivationsschub bewirken. Der Vergleich mit anderen Sportlern ist eher schwierig, da das maximal bewältigte Gewicht von zu vielen Faktoren abhängig ist. Die Tagesform, das Trainingsalter und der individuelle Lebensstil mit unterschiedlicher Ernährungsweise und unterschiedlichem Schlafrhythmus sind nur ein paar von vielen Faktoren die dies beeinflussen.

2 Zielsetzung und Prognose

Tab. 4: Zielsetzung/Prognose

Inhalt	Ausmaß	Zeit
Ruhepuls senken	5 Schläge/min weniger	12 Wochen
Blutdruck senken	Systolisch: 8 mmHg weniger Diastolisch: 4 mmHg weniger	3 Monate
Muskelmasse aufbauen	1,5kg	3 Monate (ab Mesozyklus III)

Um dem Ziel gesünder/fitter werden nachzugehen, befasst man sich natürlich grundsätzlich damit überhaupt Sport zu betreiben. Als Indikatoren für dieses Ziel wurden hier der Blutdruck und der Ruhepuls ausgewählt. Im Zuge der Trainingsplanung werden diese beiden Werte gesenkt, was gleichzeitig auf ein gesünderes, trainiertes Herz-Kreislauf-System schließen lässt. Die Person wird ebenso fitter im Alltag sein.

Als weiteres Ziel wurde Aufbau von Muskelmasse erwähnt. Dem vorliegenden risikofreien Trainingsbeginner steht bei diesem Ziel nichts im Wege und somit wird im zweiten Teil der Makrozyklusplanung ein Hypertrophietraining angesetzt. Überwacht wird dieses Ziel mit einer professionellen Körper-Kompositionswaage, die der Person im Studio zur Verfügung steht. Es wird stetig verfolgt wie viel Kilogramm Muskelmasse dazugewonnen wird.

3 Planung des Makrozyklus

Tab. 5: Makrozyklusplanung

ILB - „Beginner"	Mesozyklus I	Mesozyklus II	Mesozyklus III	Mesozyklus IV
Dauer	8 Wochen	6 Wochen	8 Wochen	6 Wochen
Trainingsmethodik	Kraftausdauer	Übergangstraining	Muskelaufbau extensiv	Muskelaufbau intensiv
Organisationsform	Zirkeltraining / Ganzkörper	Stationstraining / Ganzkörper	Stationstraining / Ganzkörper	Stationstraining / Ganzkörper
Häufigkeit/Woche	2	2	2	2
Übungen/Muskel	1-2	1-2	1-2	1-2
Sätze/Übung	2	2	2	2
Satzpausen	(60 Sekunden)	60 Sekunden	60 Sekunden	60 Sekunden
Intensität in % ILB	50-70%	50-70%	50-70%	50-70%
Wiederholungen	20	15	12	8
Bewegungstempo	Langsam/kontrolliert	Langsam/kontrolliert	Langsam/kontrolliert	Langsam/kontrolliert

Als übergeordnete Trainingsmethode wurde die Individuelle-Leistungsbild-Methode (kurz: ILB-Methode) gewählt, da diese speziell für den Gesundheits- und Fitnesssport entwickelt wurde und deshalb am besten zu den hier gesetzten Zielen und der Person passt. Außerdem kann der Sportler sich so im weiteren Verlauf seiner Trainingskarriere entsprechend seines Trainingsalters in die vorgegebenen Leistungsstufen einordnen und kontinuierlich steigern (Stack & Eifler, 2005, S.160).

Laut ILB-Methode wäre die Person für die ersten 1,5 Monate in der „Orientierungsstufe" einzuordnen. Hierbei wurde jedoch direkt mit der Stufe des „Beginners" gestartet, da bei einer jungen gesunden Person unter guter Trainingseinweisung und Überwachung eine geringe Intensität von 50-70% ohne Bedenken angestrebt werden kann.

Trainiert wird, wie nach der ILB-Methode für einen Beginner vorgesehen: 2-mal pro Woche, bei 1-2 Übungen pro Muskel (je nach Muskelgruppe) und 2 Sätzen pro Übung. Die Satzpausen bleiben konstant, da 60 Sekunden bei mittleren Krafteinsätzen für alle Trainingsmethoden angebracht sind (Güllich & Schmidtbleicher, 1999, S.223-234) und sich ein Trainingsbeginner somit im ersten halben Jahr nicht zusätzlich noch an verschiedene Satzpausen gewöhnen muss. Das Bewegungstempo wurde langsam und kontrolliert gewählt, da dies nachgewiesen einen höheren Hypertrophiereiz setzt und gerade Anfänger, zur Verletzungsvermeidung, kontrolliert das Gewicht bewältigen sollten (Farthing & Chilibeck, 2003, S. 578-586).

Der vorgegebene Trainingsumfang ist, wie hier ersichtlich, sehr gut kompatibel mit dem Zeitbudget des Trainierenden. Die Intensität liegt, wie bereits erwähnt, bei 50-70% des errechneten Maximalgewichts und wird mithilfe einer linearen Belastungssteigerung alle 1-2 Wochen (je nach Zyklusdauer) angepasst. Eine Splittung der Muskelgruppen in verschiedene Trainingseinheiten ist für einen Anfänger (nach ILB-Methode) nicht vorgesehen, somit wird im gesamten Makrozyklus ein Ganzkörpertraining ausgeübt.

Im ersten Mesozyklus wird das Training in Form eines Zirkeltrainings absolviert. Der Vorteil hierbei ist, dass das Herz-Kreislauf-System mehr beansprucht wird als bei einem Stationstraining (Gottlob, 2001, S.154). In den folgenden Mesozyklen wird ein Stationstraining absolviert, um eine stärkere Muskelermüdung zu erzeugen, welche speziell beim Hypertrophietraining Vorteile erbringt. Der zeitliche Aspekt der verschiedenen Organisationsformen spielt hier keine Rolle.

Der Makrozyklus wurde aus folgenden Gründen wie dargelegt periodisiert. Der Trainierende beginnt in den ersten 8 Wochen mit einem Kraftausdauertraining (20 Wiederholungen) in Zirkelform. Bei dieser Trainingsmethodik wird die Kapillarbildung im Muskel erzeugt. Diese sollen die Senkung des Blutdrucks unterstützen (mehr Gefäßvolumen = niedrigerer Blutdruck), aber auch den Muskel auf das Hypertrophietraining vorbereiten, da durch eine gute Kapillarisierung der Muskel besser mit Nährstoffen versorgt wird (Fleck, 1994). In Mesozyklus II wird ein Übergangstraining absolviert. Die Wiederholungszahlen liegen mit 15 Wiederholungen an der unteren Grenze des Kraftausdauertrainings (Grobraster der ILB-Methode). Der Körper passt sich hier also auch kardiovaskulär an, gleichzeitig wird er aber durch weniger Wiederholungen schon sanft auf höhere Gewichte vorbereitet. Schließlich in Mesozyklus III und IV wird ein Muskelaufbautraining absolviert. Zu Beginn 8 Wochen lang extensiv mit 12 Wiederholungen, und anschließend 6 Wochen lang intensiv mit 8 Wiederholungen, um maximale Erfolge zu erreichen. Als adaptiver Prozess zeigt sich hier eine Dickenzunahme im Muskelquerschnitt (Boeckh-Behrens et al. 2002). Periodisiert wurde der Makrozyklus also im Hinblick auf die verschiedenen Trainingsziele, aber auch, um den gesamten Körper nach und nach an mehr Belastungen (höheres Gewicht bei niedrigeren Wiederholungen) zu gewöhnen.

4 Trainingsplanung Mesozyklus III

Tab. 6: Darstellung Mesozyklus III

Zyklusdauer	Spezifisches Trainingsziel	Trainingseinheiten pro Woche	Organisationsform	Übungen pro Muskelgruppe	Intensität
8 Wochen	Muskelaufbau (extensiv)	2	Ganzkörpertraining / Station	1-2	50-70% ILB

Tab. 7: Übungsauswahl Mesozyklus III

Übung	Wiederholungen	Sätze	Satzpause	Bewegungstempo
Hackenschmidt-Kniebeuge am Gerät				
Beinbeuger Maschine				
Brustpresse horizontal				
Butterfly Gerät				
Latzug am Gerät, weiter Obergriff	12	2	60 Sekunden	Langsam/kontrolliert (TUT: 2/0/2)
Rudern eng an der Maschine				
Crunches am Gerät				
Hyperextensions an der Bank				

Der Schwerpunkt in diesem Zyklus liegt auf maschinellen, aber mehrgelenkigen Übungen. Zum einen, da der Trainierende immer noch Beginner ist und ihm eine vorgegebene Ausführung so zugutekommt. Und zum anderen machen mehrgelenkige Übungen bei einem Ganzkörper Trainingsplan Sinn. Erstens, um möglichst viele Muskeln innerhalb einer Trainingseinheit zu reizen, und zweitens im Trainingsumfang dem Leistungsstand und Zeitbudget des Trainierenden angemessen bleiben zu können. Es arbeiten somit mehr Muskeln und der metabolische Effekt wird dadurch größer (Haff, 2000).

Als erste Übung wurde nach dem Prinzip „von großen Muskelgruppen zu kleinen" mit den Beinen begonnen. Dabei wurde die Hackenschmidt-Kniebeuge am Gerät gewählt, da diese Übung im Stehen ausgeführt wird (die Person ist Schüler und sitzt den ganzen Tag) und sie eine Abwechslung zur Beinpresse darstellt, welche aber trotzdem eine Führung am Gerät vorgibt. Weil bei den meisten Leuten die Ischiocruale Muskulatur (durch zu viel Sitzen) eher die Schwachstelle im Beinbereich ist, wird diese nochmal am Beinbeuger-Gerät gesondert trainiert. Für die Brust-, Trizeps, sowie vordere Schultermuskulatur wurde die Übung Brustpresse gewählt, da diese Übung mehrgelenkig ist und alle eben genannten „Drück-Muskeln" gleichzeitig beansprucht. Als zweite Übung für die Brustmuskulatur wurde Butterfly gewählt, um die Brust nochmal isoliert zu beanspruchen und eine Abwechslung zur typischen Drückbewegung, wie beispielsweise bei der Brustpresse, darzustellen. Latzug im weiten Obergriff soll in diesem Trainingsplan dazu dienen vor allem den breiten Rückenmuskel und Bizeps zu trainieren, wohingegen das enge Rudern am Gerät eine Herausforderung zusätzlich für die Rhomboiden und auch für die hintere Schultermuskulatur darstellt. Auch hier wurde versucht unterschiedliche Bewegungsmunster mit mehrgelenkigen Übungen zu kombinieren. Zum Schluss noch die Crunches am Gerät, eine Übung für die Bauchmuskulatur. Nach dem Prinzip „mit öffnenden Übungen aufhören" wurden die Hyperextensions für den unteren Anteil des Rückens (autochthone Rückenmuskulatur) gewählt. Somit beendet der Trainierende seine Einheit mit einem guten Körpergefühl und einer aufrechten Haltung. Übungen für die Rumpfmuskulatur sollten, wie hier, in jedem Trainingsplan enthalten sein, da sie die Basis für eine starke Extremitätenmuskulatur darstellt (Bompa & Carrera, 2005, S.47-48).

5 Literaturrecherche zum Thema: Effekte des Krafttrainings bei Osteoporose

Tab. 8: Studie 1 zu Krafttraining bei Osteoporose

Name der Studie:	Krafttraining an konventionellen bzw. oszillierenden Geräten und Wirbelsäulengymnastik in der Prävention der Osteoporose bei postmenopausalen Frauen
Wer hat die Studie durchgeführt?	Die Studie wurde durchgeführt von: • Siegrist, M[1,2] • Lammel, C[2] • Jeschke, D[1,2] Institution: [1]Lehrstuhl und Poliklinik für Präventive und Rehabilitative Sportmedizin, TU München und [2]Kuratorium für Prävention und Rehabilitation, TU München
In welchem Jahr wurde die Studie publiziert?	Im Juli/August 2006
Mit welchen Versuchspersonen wurde sie durchgeführt?	Mit 69 zufälligen, postmenopausalen Frauen, welche an Osteopenie leiden
Wie sah der Versuchsaufbau der Studie aus?	➤ Die Studie wurde über 12 Monate durchgeführt und kontrolliert ➤ Es sollte der Effekt verschiedener Trainingsprogramme auf Knochen, Kraft, dynamische Leistungsfähigkeit und Befinden untersucht werden ➤ Alle 69 Frauen nahmen 2x pro Woche an einer angeleiteten Wirbelsäulengymnastik teil ➤ 26 Frauen nahmen zusätzlich 2x pro Woche an einem Krafttraining (60-80% des 1RM) teil ➤ 23 Frauen nahmen 2x pro Woche an einem Krafttraining mit vibrierenden Geräten teil
Welche relevanten Ergebnisse und Schlussfolgerungen lieferte die Studie?	• Im Rahmen der Osteoporose-Vorbeugung kann Wirbelsäulengymnastik eine Verbesserung der Kraft und des Befindens bewirken • Das Vibrationstraining bewirkte primär eine Kraftzunahme • Krafttraining verbesserte Knochenstruktur und die Kraft

Tab. 9: Studie 2 zu Krafttraining bei Osteoporose

Name der Studie:	Erlanger Fitness und Osteoporose Präventions- Studie (EFOPS)
Wer hat die Studie durchgeführt?	- Kemmler, W.[1] - Engelke, K.[1] - Lauber, D[2] - Weineck, J.[2] - Von Stengel, S.[1] - Kalender W.A.[1] Institution: [1]Osteoporosezentrum, Institut für Medizinische Physik, Erlangen-Nürnberg und [2]Institut für Sport und Sportwissenschaft, Universität Erlangen-Nürnberg
In welchem Jahr wurde die Studie publiziert?	2007
Mit welchen Versuchspersonen wurde sie durchgeführt?	137 früh-postmenopausale osteopenische Frauen, welche in den letzten Jahren keinerlei Erkrankungen/Medikamentierung hatten, die Einwirkungen auf Knochendichte/Knochenstoffwechsel haben
Wie sah der Versuchsaufbau der Studie aus?	➤ Nach einer Ernährungsanalyse wurde bei den Frauen eine individuelle Supplementierung von Vitamin D und Kalzium eingeführt ➤ 86 Teilnehmerinnen nahmen an einem komplexen Training teil, 51 stellten die Kontrollgruppe dar ➤ Es wurde ein viermaliges Training pro Woche angestrebt, 2x gemeinsam und 2x ein Heimtraining ➤ Dieses setzte sich grob zusammen aus 20 Minuten Ausdauertraining (70% der max. Herzfrequenz), 5 Minuten Seilspringen und 10-13 Übungen Krafttraining an Geräten mit mehreren Durchgängen, Intensität und Belastung wurden immer dem aktuellen Leistungsstand angebracht (stetig steigend)
Welche relevanten Ergebnisse und Schlussfolgerungen lieferte die Studie?	Beide Gruppen wiesen positive Ergebnisse auf, die Trainingsgruppe jedoch in einem viel größeren Umfang. Die Gruppe, die Krafttraining durchführte, hatte eine erhöhte Knochendichte aufzuweisen, die Schmerzhäufigkeit (besonders im LWS-Bereich) wurde deutlich verringert, Kraft und Ausdauer wurden deutlich gesteigert.

6 Literaturverzeichnis

Boeckh-Behrens, W.-U., Buskies, W. (2002). *Fitness-Krafttraining. Die besten Übungen und Methoden für Sport und Gesundheit* (6. Aufl.). Reinbek bei Hamburg: Rowohlt.

Bompa, T. O. & Carrera, M. C. (2005). *Periodization training for sports. Science-bases strength and conditioning plans for 20 sports* (2. ed.). Champaign, IL: Human Kinetics.

Farthing, P. J. & Chilibeck, P. D. (2003). The effects of eccentric and concentric training at different velocities on muscle hypertrophy. *European Journal of Applied Physology and Occupational Physology, 89* (6), 578-586.

Fleck, S. J. (1994). Kardiovaskuläre Reaktionen und Adaptionen während Kraftbelastungen. In P.V. Komi (Hrsg.), *Kraft und Schnelligkeit im Sport* (S.302-311). Köln: Deutscher Ärzte-Verlag.

Gottlob, A. (2001). *Differenziertes Krafttraining*, München: Urban und Fischer. S.154.

Güllich, A. & Schmidtbleicher, D. (1999). Struktur der Kraftfähigkeiten und ihrer Trainingsmethoden. *Deutsche Zeitschrift für Sportmedizin, 50* (7/8), 223-234.

Haff, G. G. (2000). Roundtable discussion: machines versus free weights. *Strength and Conditioning Journal, 23* (1), 42-44.

Kemmler, W., Stengel, S. von, Lauber, D., Weineck, J., Kalender, W.A., Engelke, K. (2007). Umsetzung leistungssportlicher Prinzipien der Osteoporose-Prophylaxe: Zusammenfassende Ergebnisse der Erlanger Fitness und Osteoporose Präventions-Studie (EFOPS). *Deutsche Zeitschrift für Sportmedizin.* 58 (12), 427-432.

Siegrist, M., Lammel, C., Jeschke, D. (2006). Krafttraining an konventionellen bzw. oszillierenden Geräten und Wirbelsäulengymnastik in der Prävention der Osteoporose bei postmenopausalen Frauen. *Deutsche Zeitschrift für Sportmedizin.* 57 (7-8), 182-188.

Strack, A & Eiffler, C. (2005). The individual lifting performance method (ILP) – a practical method for fitness- and recreational strength training. In J. Gießing, M. Fröhlich & P. Preuss. (eds.), *Current Results of Strength Training Research* (pp.153-163). Göttingen: Cuvillier.

Zimmer, M. (1999). *Entwicklung und Erprobung eines Mehrwiederholungstests zur Erfassung der Kraftleistung im Fitneß-Training*, Diplomarbeit Universität des Saarlandes. Saarbrücken.

7 Tabellenverzeichnis

Tab. 1: Allgemeine Daten zur Person 3
Tab. 2: Daten zur Ermittlung des Gesundheitszustandes 3
Tab. 3: Testergebnisse des X-RM Test 5
Tab. 4: Zielsetzung/Prognose 6
Tab. 5: Makrozyklusplanung 7
Tab. 6: Darstellung Mesozyklus III 9
Tab. 7: Übungsauswahl Mesozyklus III 9
Tab. 8: Studie 1 zu Krafttraining bei Osteoporose 11
Tab. 9: Studie 2 zu Krafttraining bei Osteoporose 12

BEI GRIN MACHT SICH IHR WISSEN BEZAHLT

- Wir veröffentlichen Ihre Hausarbeit, Bachelor- und Masterarbeit

- Ihr eigenes eBook und Buch - weltweit in allen wichtigen Shops

- Verdienen Sie an jedem Verkauf

Jetzt bei www.GRIN.com hochladen und kostenlos publizieren